Tuuli tulee kaukaa

Tuulikille

Timo Montonen

Tuuli tulee kaukaa

Tankarunoja 1990-luvulta

2., korjattu painos

© 2015 Timo Montonen

Etukannen kuva: © Tuulikki Kuurne

Takakannen kuva: © Arja Pasila

Kustantaja: BoD™ – Books on Demand, Helsinki, Suomi

Valmistaja: Books on Demand GmbH, Norderstedt, Saksa

ISBN: 978-952-318-820-4

I

Aamun sininen
pelto, lato, oja, tie.
Radalla kasvaa
valo. Liikkumaton maa,
juna kulkee ratataa.

II

Talvi, autere:
ilma lumeksi tahtoo,
lumi ilmaksi.
Sinä tulet minuksi,
minä sinuksi, vieraat.

Hämärä hotkii
sumun, pimeys nielee
tahtoni, minut.
Kuka ohjaa, mikä vie
miehen tuhosta tuhoon?

Silmäsi, rakas,
poltinraudat polttavat.
Virtaava vesi,
Kokemäenjoen vuo.
Palava vesi, tuli.

Täysikuu, enkä
tiennyt. Nukuin, ja sinä
valveilla, etkä
tiennyt, että rakastan
sinua, ja valvotan.

Lumi kimmelsi,
tuhat kuuta maassa, ja
yksi taivaalla.
Ja tuhat ajatusta
välissämme, yksi suu.

Valkoinen lintu,
yö: joutsen kuutamolla.
Valkoinen vaate,
aie, kiihko, kuolema.
Täysikuu ja unohdus.

Aava maa, tuuli
tulee kaukaa. Muistojen
kajot, kosketus.
Olennaisin tuulessa:
maa, muistot, kosketus.

Pisarat klonksaa
ränniin. Tuuli repii puut.
Maan sisus musta.
Tänään lähellä, sinä
ja muistot, mustat, kirkkaat.

Niin sanoin: älä
tule, en tahdo nähdä
sinua täällä.
Syksy peittää maan, meidät,
menneet päivät, päivämme.

Ja silti tahdoin.
En kiellä, vaikka kielsin
sinut. En kiellä,
että himosin, korskuin kuin
orhi. Sinua korskuin.

Ikävä tulee,
kun päätän ikävöidä.
Halu, se syttyy
käskemättä. Syttyy, kun
sytytät, itsenäsi.

Kuulas taivas. Saat
kaiken nyt, hetken, valon
valkean ja puut.
Saat omenat, ruohon ja
muistot. Unen kuulaan saat.

Valo vaipuu, syys
syö kesän. Vastavaloon
itikat. Naakat
naukuu iltaan, yöhön. Ja
kynnöspelto musta maa.

Omena, puun lapsi,
sinut syödään, pureskellaan
terävin hampain.
Omena, siemensydän,
puun pulska munasolu.

Junan varjo kuin
liehuva viiri. Liikkeen
kuva, ja liike.
Traktori pellolla, ja
koira. Kuvassa liike.

Täydempi ilo
nyt kun poissa sinusta.
Elän. Sinusta
muistot elävät. Poissa.
Tässä muistot, kuu, tuuli.

Maalisaamu, maa
mustavalkoläikikäs.
Utuaurinko.
Häilyvät kuvat, muistot,
jo himmenevät kirkkaat.

Huhtikuun aamu.
Lumen rippeet pelloilta
sulavat ojiin.
Niin liukenee talveni
ja mieleni kylmä jää.

Kevään valo ui
aamulla uneen, verhon
takana päivä.
Häivähtää odotus: nyt,
kohta, sittenkin sinä!

Oksistot paljaat
vipattavat tuulessa.
Kevään odotus.
Niin on katseesi paljas,
silmissäsi odotus.

Kylmä tuuli ja
kylmä valo. Portailla
kylmä ihminen.
Jää portaat, valo, tuuli,
jääkylmä mieleni jää.

Paljastavassa
valon läikötyksessä
turistit kamerat
kaulassa. Valo kuvaa,
valo peittää paljasta.

En enää muista,
en enää kaipaa sinua.
Vuosi sulkee suun,
kuu muiston, kivi luolan.
Niin on rakkaus täysi.

Katseeni väisti
katseesi kysymyksen:
sinäkö siinä.
Minä tässä, minä nyt.
Talvi jäätää silmät, suun.

Sanoin sanoja,
sanaakaan en sanonut.
Kalisi kieli.
Kahvilan kumukaiku
tyhjäsi pään. Älä, jää!

v

Täysikuu hohtaa
Lemolan ladon yllä.
Kuun syvänteiden
varjot niin kuin muistojen
varjot valosi taittaa.

Risukasassa
vilisti sisilisko.
Tästä ja tuosta,
oksan alta ja päältä,
jäi aurinkoiseen läikkään.

Niin olen hiljaa
kuin simpukka suullansa
järven pohjassa.
Vaiti! Mutaa suussani
ajatuksia haudon.

Hyppää sammakko
laiturikivetyksen
heinistä veteen.
Sammakkoa sammakko
kylmässä vedessä ui.

Määnyttä kaislaa
näkinkenkä uurastaa
ylös ja alas,
ja ylös ja alas ja
ylös ja alas sinä!

Hevosjuotikas
luikertaa rantaveessä.
Sen musta iho
niin kuin vihattu musta
muisto, murhattu muisto.

Sisällys